44
Lb 440.

LE
Te Deum
D'AUSTERLITZ,
OU
LA PROVIDENCE
JUSTIFIÉE.

C'est ainsi que j'ai consolé Sion et réparé ses malheurs ; ses campagnes désolées deviendront un séjour de délices, la joie et l'allégresse régneront par-tout. — Par-tout on n'entendra que des Cantiques de louanges et d'actions de graces.

ISAÏE, Ch. LI.

Le Te Deum d'Austerlitz,

DISCOURS
DE RECONNAISSANCE ET D'ACTIONS DE GRACES
POUR LA PLUS ÉCLATANTE VICTOIRE
QUI AIT JAMAIS HONORÉ LES ARMES FRANÇAISES;

Prononcé, le 22 Décembre 1805,

D'APRÈS L'INVITATION DU GOUVERNEMENT,

DANS L'ÉGLISE RÉFORMÉE, CONSISTORIALE, DE NANTES,

PAR M.r PIERRE DE JOUX,

PRÉSIDENT DU CONSISTOIRE-GÉNÉRAL DE LA LOIRE-INFÉRIEURE ET DE LA VENDÉE,

*Membre de la Société des Sciences et des Arts, de la Loire-Inférieure;
et de l'Académie Celtique, séant à Paris.*

A NANTES,

Chez BRUN, Imprimeur de la Chambre de Commerce,
vis-à-vis la Bourse, n.º 5.

La Providence justifiée,

DISCOURS SOLEMNEL

DE RECONNAISSANCE

ET D'ACTIONS DE GRACES

POUR LA VICTOIRE GLORIEUSE D'AUSTERLITZ.

TEXTE: « *Tu n'es pas encore, a dit le Seigneur à son Oint ; tu n'es pas encore, mais je te vois, je t'ai nommé par ton nom; tu t'appèleras Cyrus: je marcherai devant toi dans les combats: à ton approche, je mettrai les Rois en fuite: je briserai, afin de t'ouvrir l'entrée des villes, les portes d'airain. — C'est moi qui étends les Cieux, et qui soutiens la terre ; c'est moi qui appèle ce qui n'est pas encore, comme ce qui est ; c'est moi qui dispose des Peuples et des Rois selon ma justice ! »* — Et ailleurs, *l'Eternel a dit à son Oint :* « *Je poserai ta main sur la mer, et les Isles reconnaîtront ta puissance.* »

Isaïe, Ch. XLV, ⅴ 1, 2, 3, — 12, etc.

Mes Très-Chers Frères,

EXORDE. S'IL est vrai que le premier, le plus grand des bienfaiteurs,... c'est l'Eternel ! S'il est vrai que, de toutes les ingratitudes, il n'en est point qui nous dégrade plus profondément,.... il n'en est aucune aussi monstrueuse, — que celle de la créature envers son Créateur; celle de l'homme — envers le bienfaisant Auteur de sa vie : — combien il est vrai, aussi, que la reconnaissance envers Dieu est le premier de tous les devoirs; qu'elle est le sentiment le plus noble, le plus juste; — le caractère sacré auquel on reconnaît la vertu, la grandeur d'ame, la religion du cœur !

Mais si les profondes émotions de la gratitude envers le Conservateur des humains honorent ceux qui s'y abandonnent;.... quel surcroît d'honneur il doit en résulter pour toute une nation, lorsque, sensible à de grandes délivrances, elle se joint solemnellement à son Magnanime Chef, pour bénir le Suprême Auteur de son Salut! Combien cet acte simultanée de reconnaissance universelle contribue puissamment à faire naître, à porter au plus haut degré d'accroissement cette PIÉTÉ NATIONALE, cet ESPRIT PUBLIC, — cet amour des vertus sociales et religieuses, qui ont élevé les Gouvernemens, les Monarques et les Peuples, au faîte de la prospérité !

Ainsi le vertueux fondateur de l'Empire des Perses, Cyrus, toujours invincible, toujours généreux, après avoir défait, subjugué les Peuples Hyperborées qui étaient accourus au secours de la Monarchie des Chaldéens, dont les bases ébranlées chancelaient sous les coups redoublés du vainqueur, — devenu, enfin, par la prise de Babylone, maître de tout l'Orient, Cyrus se hâte de rendre hommage au Monarque souverain des Princes de la terre; — et reconnaissant que c'est le Dieu du Ciel qui l'a fait triompher de ses ennemis : « Allez, dit-il aux Hébreux qu'il affranchit » de la servitude, allez relever les Autels du Roi de » l'univers, de celui qui m'a donné les Empires ; allez » rebâtir la maison de l'Eternel ; — *lui seul est Dieu* » !

Ainsi le HÉROS DES SIECLES, cet Homme puissant qui a relevé la France de ses ruines, restauré le Temple et les Autels, NAPOLÉON, après avoir, dans les champs de la Bohême, anéanti les armées réunies des Scythes et des Germains, bien supérieures en nombre à la sienne ; après avoir montré, dans l'immortelle journée d'AUSTERLITZ, tout ce que peuvent la sagesse et la valeur dans les ames généreuses ; après avoir conquis l'admiration de ses ennemis, et porté jusqu'à l'enthousiasme l'amour des Français, par les vertus héroïques qu'il a déployées dans cette bataille à jamais mémorable, où, avare du sang de ses intrépides guerriers, il a encore épargné celui de ces hordes étrangères qui brûlaient de répandre le nôtre ;... ainsi, NAPOLÉON, non moins fidèle à la voix de la Religion qu'à celle de l'humanité,... se refuse à tout trophée, à toute ostentation de gloire ;... il reserve à Dieu seul l'honneur de ses succès inouis ! — Non, ce n'est ni à l'admirable tactique qu'il a employée, — ni à son génie nompareil, ni à ses savantes marches, ni au courage sans égal de ses soldats, qu'il attribue son éclatante victoire ;... C'est à Dieu !... « O toi *qui* » *disposes des Peuples et des Rois selon ta justice*, s'é- » crie-t-il, ô Dieu du Ciel ! *c'est toi qui as marché devant* » *moi dans les combats ; c'est toi qui as frappé pur mon*

» bras tous ceux qui nous haïssent; c'est toi qui as brisé
» à mon approche les portes d'airain; c'est toi qui as mis
» en fuite les Monarques qui avaient conspiré le malheur
» de la France! *A toi donc, Grand Dieu! à toi seul,*
» *et non point à nous....* soit rendu tout l'honneur de
» cette journée!

» Ministres de l'Eternel, entrez dans son Temple;
» bénissez ce Dieu tout-puissant qui s'est déclaré en
» notre faveur; — la protection visible qu'il nous a
» accordée, dans cette bataille décisive, demande le
» retour de nos bénédictions; — exige, que, dans
» toute l'étendue de notre Empire, il soit rendu à
» notre Céleste Protecteur de solemnelles actions de
» graces! »

NAPOLÉON a dit;... et ses intentions pieuses ont été remplies; et ce Temple s'est ouvert aux adorateurs de Dieu, au vœu des Autorités constituées, extraordinairement présentes à cet acte authentique de la reconnaissance nationale!

O qu'il est doux à mon cœur, M. T. C. F., d'avoir à vous peindre dans ce jour les nobles sentimens que vous éprouvez! Quel exercice heureux pour votre ame et pour la mienne,.... d'avoir, — moi, à vous raconter, — vous, à entendre, — tous, à partager les épanchemens vertueux d'une juste sensibilité, les étreintes délicieuses de la gratitude, — envers Dieu; envers le Prince religieux qui gouverne, qui défend cet Empire avec autant de bonheur que de sagesse; envers les braves compagnons de ses exploits!

Cependant,

Cependant, comme il s'agit d'offrir à Dieu un service raisonnable ; comme la conviction éclairée de notre esprit, peut seule donner quelque prix au tribut des cœurs reconnaissans ; — je dois démontrer, à votre raison, la certitude de l'intervention de la divine Providence dans les évènemens qui règlent la destinée des Nations.

DIVISION. Je prouverai, d'abord, que c'est Dieu qui dispose, selon sa justice, des Etats, des Monarques et des Peuples : — C'est le sujet de mon premier point.

Je justifierai, ensuite, par des caractères directs et évidens, la sage déclaration du vainqueur lui-même qui reconnaît, que, c'est à la Protection spéciale de Dieu, qu'il doit la victoire d'Austerlitz : — ce sera le sujet de mon $2.^{me}$ point.

~~~~~~~~~~~~~~~~~~~~

PRIÈRE. JE te bénis, avant tout, Dieu de ma vie ! avant d'implorer ton puissant secours, je te bénis de m'avoir conservé pour voir ce jour de gloire, ce jour heureux où les ténèbres, qui menaçaient de nouveau de couvrir la France, se sont dissipées ; — ce jour réparateur qui ne met plus de bornes à notre espoir !

O conserve-moi, encore, pour contempler la paix universelle, le prix de nos trésors, de nos combats et de notre sang ; — la restitution de nos colonies, la liberté illimitée des mers, le retour du commerce et de l'abondance ;... et je te dirai alors : « *laisse, Dieu de*
» *miséricorde ! laisse aller ton serviteur en paix* ; puisque

» j'ai vu s'accomplir les souhaits les plus ardens que
» j'aie formés pour ce monde périssable;... *puisque*
» *mes yeux ont vu ton salut!* »

La mémoire d'Austerlitz sera éternelle.... Qui suis-je, moi! pour la consigner à la postérité? Inspire-moi, néanmoins, des pensées, des expressions qui ne soient pas indignes de si grandes choses;... qui puissent les imprimer dans le cœur de nos enfans, quand je dormirai dans le sépulcre!

O que mes jours soient assez nombreux pour annoncer encore les hauts faits de NAPOLÉON! O que les années de ce prince se prolongent pour le bonheur de la France! et que nous, qui sommes assemblés dans ce lieu saint, nous vivions encore sur la terre, pour bénir le Ciel,— comme nous le faisons dans ce jour. Ainsi soit-il!

~~~~~~~~~

Ier POINT.

C'EST moi, dit le Seigneur, *c'est moi qui étends les Cieux, et qui soutiens la terre; c'est moi qui appèle ce qui n'est pas, comme ce qui est; c'est moi qui dispose des Peuples et des Rois, selon ma justice.*

Preuve de raisonnement.

Comment, en effet, si cela n'était pas, M. T. C. F.; comment les principes éternels de législation, de justice et de droiture existeraient-ils encore? — Comment les sentimens profonds, qui nous font distinguer surement le bien et le mal, le juste et l'injuste, se maintiendraient-ils, en tous les tems, chez toutes les Nations, s'il n'y avait point de Providence, s'il n'y avait point de Dieu qui disposât des Peuples et des Rois, selon sa justice? — Mais il subsiste encore des sociétés, des assemblées de peuples, des Gouvernemens : — mais la Religion, les Lois et les mœurs, sont encore la base de leur existence; quelle plus forte démonstration nous faut-il, que nous sommes la famille d'un Dieu qui nous suit, qui nous surveille, qui détermine les évènemens, les défaites et les victoires, pour nous récompenser d'avoir observé ses invariables lois,... ou pour nous punir de les avoir négligées? —

J'ouvre les annales de l'univers; — et j'y vois partout les conseils du Très-Haut sur les Peuples; — par-tout, j'y reconnais cette juste et bienfaisante action, par laquelle il maintient dans une situation florissante... ou détruit.... ou renouvelle les nations, suivant qu'elles sont avilies, corrompues et dégradées;.... ou observatrices religieuses des traités, fidèles aux lois de la conscience, de l'honneur, de l'éternelle Religion.

Par-tout, je vois le bonheur d'un peuple marcher d'un pas égal avec la pureté de ses mœurs, avec son amour pour son Prince et sa Patrie, avec son intégrité, sa justice et ses vertus. — Je vois au contraire, par-tout, je vois dans l'immoralité des riches, dans l'écrasement des petits, dans le luxe d'un clergé insatiable; (*) dans l'indiffé-

---

(*) On peut dire généralement qu'en BOHÊME tout noble est souverain, et tout vassal est esclave. — Quant à l'AUTRICHE, l'on sait qu'elle pullule de bénéficiers et d'ordres soi-disant religieux ; un tiers de l'année s'y perd en des fêtes monastiques; la fainéantise y est à l'ordre du jour, et le peuple au désespoir. — Combien ces institutions anti-sociales, ces abus hideux, si opposés à la morale chrétienne, font vivement ressortir les sages principes du CONCORDAT, et les avantages de cette transaction admirable, qui, en rapprochant le clergé de France de la primitive simplicité, en ne consacrant de fêtes que celles qui sont essentielles au Christianisme, a ramené le peuple à l'amour de la Religion, et à l'estime pour ceux qui la prêchent d'exemple !

rence de tous pour le bien public, pour la Religion sainte, et pour les lois de l'État : je vois, dans cette violation de toutes les lois divines et humaines, la cause infaillible de la décadence d'une Nation : j'y vois le germe fatal de cette ruine qui s'accélère dans la même proportion que les vices, la dégradation et la misère des gouvernés ;... que l'impéritie, l'insolence et l'aveuglement de ceux qui gouvernent!

Par-tout, en un mot, par-tout, je vois les succès ou les revers d'un Peuple quelconque, relatifs à la sagesse ou au désordre de son Gouvernement! — Par-tout, lorsque le Prince est parjure, lorsque le système d'administration est immoral, je découvre, sous le voile des causes secondes, le Protecteur immortel de la vertu, — qui bat en brèche les remparts de ces villes malheureuses où l'homme de bien n'est plus honoré ; — qui ébranle invisiblement les colonnes puissantes de cet édifice,... les bases iniques d'un Gouvernement qui n'offre plus d'asyle à l'innocence ; qui ne respecte plus le droit des gens et la foi sacrée des conventions!

Cessez donc, subtils politiques, cessez de vous tourmenter, pour chercher les causes des grands désastres qui bouleversent tout-à-coup la forme passagère des Etats.— Lorsque la chûte vous paraît soudaine, — ne vous égarez point en de vaines spéculations, remontez à cette cause première qui gouverne tout ; — remontez à l'Auteur éternel de la Justice qui venge tôt ou tard l'infraction des lois qu'il a prescrites aux sociétés : — remontez aux perfidies, à l'abus tyrannique du pouvoir, à la violation perpétuelle des alliances qui avaient sourdement miné ce Gouvernement; — lorsqu'une guerre imprudente, une téméraire coalition ont fait tomber en peu de jours cette Monarchie vermoulue, ont enveloppé, quelques instans, les peuples misérables qui lui étaient assujettis dans le tourbillon de ses adversités !

<small>Preuves historiques.</small> Ces traits imprévus et admirables de la Providence, ces coups attérans et réformateurs se présentent en foule dans l'écriture sainte : — et cet Esprit Souverain, qui, par des raisons dignes de sa sagesse, pour ne point gêner notre liberté, cache son intervention dans le cours ordinaire des choses,... le Suprême Ordonnateur qui voile à nos yeux l'éclat de son aspect, qui se couvre de nuages; qui ne nous permet pas, le plus souvent, de distinguer son action, et de reconnaître évidemment sa marche, — Dieu a voulu, néanmoins, pour notre instruction, se montrer à découvert dans l'histoire merveilleuse de son Peuple; — et, par sa conduite envers les Hébreux, il nous donne, chaque jour, un exemple sensible, frappant et perpétuel de son attention sur tous les peuples, sur tous les Gouvernemens!

C'est, conduit par les Prophètes, par les hommes saints auxquels le Seigneur a communiqué les secrets de sa Providence; — c'est, en marchant avec eux de tombeaux en tombeaux; — c'est, penché, comme eux, sur l'abîme des siècles, que je viens vous répéter le cri des Monarques détrônés, donnant, — du fond de leurs voûtes sépulcrales, donnant cette leçon instructive aux Chefs des nations, qui, mollement assis sur le trône, oublient le jugement

de Dieu, et celui de leurs contemporains! « Apprenez
» à observer la justice, Princes et Rois, apprenez à
» craindre la Divinité ».

C'est, en déroulant le volume sacré des Ecritures, que
j'entends la voix de l'Ancien des tems, qui, deux cents
années avant la naissance du Fondateur de l'Empire
des Perses, l'appèle par son nom, lui dit dans mon
texte : *Je marcherai devant toi dans les combats; à ton
approche, je mettrai les Rois en fuite; et je briserai, pour
te frayer un passage, les portes d'airain.*

C'est, prenant en main ce fil précieux de la justice
et de la prescience divine, que je comprends les prodiges actuels; que j'interprète la pensée de l'Empereur
de Russie, lorsqu'il dit de notre illustre Souverain: *qu'il
est un Prédestiné de Dieu!* — Faible, limitée et aveugle
créature, je puis, néanmoins, éclairé d'un rayon de la
sagesse du Créateur, j'ose pénétrer dans le Conseil de
ses Miséricordes!... Qu'ai-je entendu? Mes forces dé-
faillent; soutiens-moi, Grand Dieu! Avant les révolutions cruelles que nous avons éprouvées; avant, —
bien avant ces jours affreux, avant ces tems déplorables
d'insurrections, de révolte et de massacre, un décret
consolateur était émané de la Cour céleste! Celui qui
appèle ce qui n'est pas encore, — comme ce qui est,
l'Eternel Dieu, selon sa préconnaissance infinie, lisant
dans ce siècle qui était à venir, se laissait désarmer
par les nombreux sacrifices, par les pleurs et par le
repentir de la France; il appelait NAPOLÉON, pour la
délivrer! « *Tu n'es pas encore,* a dit le Seigneur, *tu n'es*

» *pas encore, mais je te vois, je t'ai nommé par ton*
» *nom. Je te ferai sortir hors d'Egypte, d'entre les*
» *mains de tes ennemis! tu consoleras mon Peuple, tu*
» *adouciras les cœurs ulcérés, tu cicatriseras leurs plaies*
» *sanglantes, tu les rallieras sous l'Empire des lois et*
» *de l'humanité.* — En vain les Rois de la terre pro-
» jetteront-ils contre toi des choses vaines; en vain les
» Princes des étrangers conspireront-ils contre l'Oint
» de l'Eternel, — *je te donnerai un cœur ferme et intré-*
» *pide, je marcherai devant toi dans les combats; à ton*
» *approche, je mettrai les Rois en fuite; et je briserai,*
» *afin de t'ouvrir l'entrée des villes, les portes d'airain!*
» — *J'affermirai ton trône sur la terre, je poserai enfin*
» *ton bras sur la mer; et les Isles reconnaîtront ta puis-*
» *sance* ».

Nous accueillons, Grand Dieu, cette consolante déclaration; nous te bénissons de l'accomplissement de tes premiers oracles; nous espérons, avec confiance, de toi, que tu ratifieras bientôt les derniers! Oui! nous entrevoyons déjà l'aurore de cette belle journée, *où tu poseras le bras de* NAPOLÉON *sur la mer, et où les Isles reconnaîtront sa puissance!* Déjà le Russe détrompé, se plaignant que l'Angleterre a trafiqué de son sang (*), vient d'abjurer cette fatale alliance; déjà

Il paraît que le moyen de corruption, employé de nos jours par le Ministère Anglais, n'est pas nouveau; — mais il était, anciennement, réputé vil et méprisable dans toute l'Europe. — Ouvrez les annales des Germains; vous y verrez que l'Empereur Adolphe de Nassau, successeur de Rodolphe de Habsbourg, s'attira le mépris des Grands de l'Empire, — parce qu'il avait reçu de l'argent du Roi d'Angleterre pour faire la guerre à la France, — et qu'il fut déposé par les Princes-Electeurs.

il a déclaré ne prendre plus aucun intérêt à celui de ces insulaires ambitieux : déjà la crédule Germanie regrète d'avoir affronté l'horrible tempête pour les trésors de l'avare et ingrate Albion ! « Il n'y a aucun » doute, s'est écrié le monarque Autrichien, dans sa » guerre avec l'Angleterre, la France a raison ! »

Les voilà, M. T. - C. F., les voilà confirmées, les bases solides de nos espérances. Non ! à Dieu ne plaise, qu'abusant de cette chaire de vérité, j'interprète ici arbitrairement, au gré de nos désirs, les déclarations divines ! Non ! ce sont nos ennemis eux-mêmes, qui ont, spontanément, rendu gloire à la justice de nos procédés ; c'est de la bouche même des Souverains, armés contre la France, que nous puisons notre espoir, notre interprétation des saints Oracles, nos titres flatteurs à la protection du Dieu tout-puissant ! — Dieu est juste ! mes chers Auditeurs, Dieu est juste, — et il a protégé NAPOLÉON !

Je vais, cependant, pour développer entièrement mon texte, je vais vous prouver, par les caractères directs et immédiats de la présence de Dieu à la victoire éclatante d'Austerlitz, que nous devons aujourd'hui le bénir de sa protection signalée ; c'est le sujet de mon II.ᵉ point.

	Mes Très–Chers Frères,
I.ᵉ POINT.	

 Il est des caractères sensibles, plus ou moins directs et immédiats, de l'intervention de Dieu dans les choses humaines ; il est des règles infaillibles de ses jugemens sur les Nations, sur les Ministres corrompus qui les gouvernent, sur les Princes imprudens qui compromettent le bonheur de leurs sujets.

<small>CARACTÈRES GÉNÉ-
RAUX DE L'INTER-
VENTION DIVINE.</small> Le Seigneur veut-il fonder un Empire ? — Il donne à son Chef un esprit de sagesse et de législation, il étend ses vues, il fait échouer toutes les conspirations que l'on trame contre lui.... Il commande à l'épouvante de former son avant-garde, — à la victoire de marcher sous ses drapeaux ; — à la confusion et à la fuite de poursuivre, dans leur tumultueuse agitation, les bannières ennemies.

 Le Seigneur veut-il changer la forme d'un Gouvernement qui croule de désordre, de corruption et de vétusté ? — Il l'abandonne à son ignorance et à sa folie, comme au tems de Roboam ; — il permet que les conseils de jeunes hommes, ivres d'arrogance et de volupté, prévalent sur les lumières, l'esprit de conduite et l'expérience des vieillards : — il laisse une Cour et un Ministère iniques se confondre dans l'égarement de leurs pensées, se déconcerter dans l'exécution de leurs moyens, perdre sans cesse les occasions favorables.

<small>1.ᵉʳ Caractère
immédiat de l'inter-
vention de Dieu.</small> Alors, premier caractère direct de l'intervention de Dieu ; — alors, CE QUI ÉTAIT INVRAISEMBLABLE.... SE FAIT ! — CE QUI SEMBLAIT IMPOSSIBLE.... S'EXÉCUTE !

Les Autrichiens et les Russes, se refusent obstinément à toute proposition équitable de paix; oubliant les campagnes fatales de Marengo et celles de l'Helvétie, sillonnées de leurs armes et de leurs ossemens, ils reviennent vers ces terres encore fumantes du sang de leurs braves ; ils se flattent de nous terrasser; fiers de réunir les plus intrépides combattans de la Germanie et les guerriers impassibles du Nord, ils espèrent nous surprendre, tandis que l'Occident retient nos soldats; tandis que les rives de l'Angleterre s'agitent et se hérissent de flottes, pour reculer le jour prochain des rétributions. Que vois-je ? Dieu du Ciel ! Prodige ! Prodige ! Un essaim de héros s'est élancé des bords maritimes du couchant; — ils ont bientôt atteint les contrées de l'Aurore ! — et, en moins de deux mois, nos alliés envahis sont délivrés ! — et les phalanges redoutables du Danube, et les bandes farouches de la Néva ont offert à nos bras une double victoire; elles reçoivent, à la fois, le châtiment de leur témérité !

<small>2.e Caractère immédiat.</small>

II.ᵉ Caractère immédiat de l'intervention divine qui livra les ennemis entre nos mains dans les plaines d'Austerlitz. L'ESPRIT DE VERTIGE, LE DELIRE DE L'ORGUEIL qui les traîna, malgré nous, d'abîme en abîme; qui ferma leurs yeux — à la force inexpugnable de nos positions, et leurs oreilles — à la leçon du malheur ! — Les Russes et leur Souverain nous croient en retraite ! ils nous estiment à demi-battus par la présence de leurs armées supérieures en nombre ! ils se persuadent, facilement, que leurs troupes, fraîches encore, et qui ne sont point harassées par de précédens combats, triompheront bientôt de nos bataillons couverts de blessures, et qu'elles achèveront d'épuiser les restes de notre sang! Déjà ils marchandent insolemment la victoire; déjà ils osent proposer à celui qui a recommencé Charlemagne de leur céder cette COURONNE DE FER dont la devise alarmante porte la destruction aux téméraires qui tentent de la ravir! Ainsi ils ont allumé contre eux le tonnerre qui a foudroyé leurs innombrables cohortes! Ainsi ils confirment évidemment, à nos yeux, la vérité de cette sentence de l'Ecriture: *l'esprit hautain précède l'écrasement!*

<small>Caractère immédiat.</small>

III.ᵉ Caractère de l'intervention divine; DE GRANDS RÉSULTATS OBTENUS AVEC DES MOYENS TRÈS-INFÉRIEURS; le nombre infiniment petit des soldats que nous avons perdus proportionnellement à l'immensité de la perte ennemie. — Quand a-t-on vu, dans le cours ordinaire des choses, quand a-t-on vu, dans la mêlée sanglante d'une bataille, une si grande perte d'un côté, — et de l'autre, — une perte si légère? Prends-en tout l'honneur, Protecteur immortel des Légions françaises! Prends-en tout l'honneur, car il t'appartient tout entier, snivant la réflexion pieuse de celui auquel tu as donné la victoire, et qui en fait hommage à ton pouvoir infini!

<small>Caractère direct simultanée.</small>

IV.ᵉ Caractère de l'intervention divine; — C'EST UNE RENCONTRE RARE ET SURPRENANTE D'ÉVÈNEMENS; C'EST.... JE NE SAIS QUOI DE MARQUÉ AU COIN DE LA PROVIDENCE,... et que l'histoire n'avait peut-être, encore, jamais présenté.... Deux Potentats formidables s'avancent en armes; — ils portent, tous deux, par hérédité, ce diadême et ce sceptre impérial qu'ils viennent disputer à l'homme invincible que le Ciel, que notre choix, et que ses vertus ont couronné !... Mais permettez-moi, ici, d'élever mon langage, M. T. C. F., je ne saurais, dans le style accoutumé de la narration, je ne saurais vous exposer toute ma pensée, et vous montrer assez, dans cette lutte étonnante, le doigt de Dieu ! — —

Quel est, donc, ce phénomène politique, isolé dans les annales des Nations ? Quel est ce signe extraordinaire, avant-coureur des évènemens merveilleux que fait éclore la journée d'Austerlitz ? Je vois, à son apparition formidable, s'ébranler la vaste machine de l'univers ! Je vois les peuples étonnés.... attendre, dans le silence de la crainte, — de l'espoir et du désir, leurs nouvelles destinées !

Ainsi que, dans les révolutions orageuses du Ciel, lorsque des nuages amoncelés, lorsque des vapeurs et des exhalaisons condensées réflétent doublement à nos yeux le luminaire du jour ; — les mortels éperdus, saisis d'épouvante, voient soudain TROIS SOLEILS éclairer à la fois la voûte du firmament ! — bientôt, néanmoins, l'UNITÉ radieuse, source de la lumière, triomphe des PARHÉLIES trompeurs qui imitaient son éclat ; ... bientôt on voit s'enfuir ces effrayans météores ; — ils disparaissent, enfin, avec les ARMÉES DE VAPEURS, avec les flots légers de nuages, où ils avaient, quelques instans, élevé le trône de leur grandeur fantastique, — et rendu le monde incertain de l'identité de son soleil !

De même j'ai vu pâlir les constellations rivales ... au lever de l'astre de NAPOLÉON ! A peine la brillante Etoile de la France a-t-elle éclairé la terre de Germanie, — que le Soleil de l'Autriche.... s'est éclipsé, — et que le flambeau de la Russie s'est éteint dans les plus noires ténèbres !

Enfin, pour traduire, en termes simples et clairs, ces paroles figurées ; — les Puissances qui s'opposaient au retour de l'ordre et de la paix, se retirent confondues... L'ascendant du Génie créateur de NAPOLÉON, n'étant plus arrêté dans son généreux essor, va décider, pour le bonheur, les destinées des peuples : et la victoire éclatante d'Austerlitz lui donne les moyens, si ardemment désirés par tous les hommes éclairés et vertueux, DE RECRÉER LA FORME DES GOUVERNEMENS EUROPÉENS ! — N'est-ce pas là, certes ! je vous le demande, mes chers Auditeurs, n'est-ce pas là une preuve spéciale de l'intervention de la Providence ?

_{5.e Caractère direct.} Il me reste encore, néanmoins, à développer une dernière preuve de la protection visible que Dieu a accordée au Peuple Français, aux habitans actuels de l'antique Gaule, dans cette victoire remportée par eux aux champs Bohémiens. — Ici, je vous prie de prêter, plus particulièrement, une oreille attentive ; — j'entreprends de justifier les voies de Dieu ; je veux montrer, ici, qu'il existe une rétribution nationale ; et que, tôt ou tard, les injustices des peuples sont expiées par leurs descendans.

DE GRANDS OUTRAGES NATIONAUX EXPIÉS PAR DE GRANDES REPRÉSAILLES ; SIGNE ÉCLATANT DE L'INTERVENTION DE DIEU.

Par quelle fatalité, me demandé-je, par quelle inexplicable fatalité, les Russes ou les Slaves viennent-ils périr dans les campagnes de la Bohême? Quel intérêt inconnu les armées de France pouvaient-elles avoir à démêler avec les sauvages habitans du Nord?

J'interroge, pour répondre à cette question, j'interroge les archives de l'histoire,... et je lis.... O Providence! Providence! voilà le cachet de ta justice et de ton pouvoir! Je ne puis plus long-tems te méconnaître! tu offres à mon esprit la série cachée des causes et des effets, le fil imperceptible des destinées des peuples;... et tu les déroules à mes yeux!...

(*) Je lis que la Gaule populeuse, sous le règne

(*) Les premiers habitans connus de la Bohême furent des Boïens, qui, sortis de l'Aquitaine (1) et du Bourbonnais, vers l'an 164 de la fondation de Rome, ou 588 ans avant l'ère vulgaire, sous la conduite de Sigovèse leur chef (2), s'y établirent; lorsque ce pays, inculte encore, portait le nom de Forêt Hercinie. — Ils en furent, ensuite, chassés par les Marcomans, lui laissèrent seulement leur nom, et se retirèrent dans celle des Noriques à laquelle leur nom passa aussi, mais autrement altéré. — Le premier de ces pays fut nommé Bohême; le second Boioaria, d'où s'est formé Bavière. — Cependant, dans le septième siècle, les Slaves ou Sclaves (*), venus des environs de la mer Noire, expulsèrent de la Bohême les Marcomans, exterminèrent les familles Gauloises qui étaient demeurées de reste dans ce pays, et y formèrent les établissemens qu'ils ont conservés jusqu'à ce jour.

Voyez *Tite-Live* et les *Croniques de l'Allemagne*.

---

(1) On sait que la province de l'Aquitaine s'étendait, sous Auguste, jusqu'à l'embouchure de la Loire, et que l'on appelait *Celtes* les Gaulois en général; — indépendamment de la division administrative de ce vaste pays en Gaule Celtique, Belgique, Lyonnaise et Narbonnaise.

(2) Il ne faut pas confondre l'émigration des Gaulois sous Sigovèse, et celle de Bellovèse son frère qui envahit la Lombardie à la tête d'une autre armée de cette même nation, avec l'émigration des Scordisques et des Taurisques, qui, sortis également de la Gaule, s'établirent dans la Mœsie, la Thrace, et sur la rive droite du Danube.

(3) Il est une circonstance singulière, c'est que, si les Gaulois s'emparèrent, les uns de l'Italie septentrionale, sous la conduite de Bellovèse, leur chef; les autres de la Forêt Hercinie, ayant à leur tête Sigovèse, frère du premier: les Slaves aussi, conduits par deux frères, envahirent, les uns la Bohême, sous les ordres de leur prince Czesko; les autres, obéissant à Lecho, son frère, se jettèrent sur la Pologne, et la conquirent. Observez que les dialectes Polonais et Bohémien, ainsi que le Russe, appartiennent à l'idiome Esclavon ou Slavon; et, ce qui est très-remarquable, c'est que les Bohémiens n'appèlent point leur pays, Bohême, mais bien Czeskosem, c'est-à-dire, dans leur dialecte Esclavon: royaume de Czesko, leur premier Roi.

de Tarquin l'Ancien, envoya au-delà du Rhin ses trop nombreuses familles qu'elle ne pouvait suffire à nourrir; — je lis que les Gaulois, conduits par leur Prince Sigovèse, s'établirent dans les lieux où sont maintenant Olmutz, Prague, Brünn et Austerlitz; je lis, en un mot, que nos pères furent les premiers habitans connus de la FORÊT HERCYNIE; qu'ils défrichèrent les premiers ce beau pays, auxquels ils donnèrent le nom de BOHÉME, — de celui de BOïENS (*), que portait cette colonie de Gaulois.

Je lis encore, avec indignation, que nos paisibles ancêtres furent troublés dans cet asyle heureux par les Marcomans, de qui descendent les Autrichiens d'aujourd'hui; — je lis, ô douleur! je lis, enfin, que les Slaves, maintenant dénommés Russes, fidèles à leur instinct de férocité, accoururent des bords de la mer Noire;.... qu'ils usurpèrent la propriété sacrée des Gaulois; qu'ils les forcèrent à se réfugier là où est Munich, dans cette partie des Noriques, à laquelle nos pères donnèrent encore leur nom; et qui s'appèle jusqu'à ce jour la *Bavière*, ou TERRE DES BOïENS! (**)

Il est donc vrai, mes chers Auditeurs, qu'en portant du secours aux Bavarois, — à notre insu, nous avons secouru un peuple de frères! — Il est donc vrai, ô Providence éternelle de mon Dieu! je me prosterne dans la poussière;.... j'adore la justice tardive et im-

---

(*) *Bohême*, d'abord, *Boiohœmum*; — de *Heim*, en Allemand; *Home*, en Anglais; *Humus*, en Latin, — terre natale, habitation; littéralement *demeure des Boïens*.

(**) *Bavière*, d'abord, *Boioaria*, de *ar*, terre, en Celte; *artz*, terre, en Oriental; *aro*, je laboure, en Latin; d'où, *arable*, *aratoire*; — littéralement, *terre des Boïens*.

pénétrable de tes rétributions! Il est donc vrai, ô Providence! qu'en permettant que les Russes et les Autrichiens s'avançassent en bataille contre nous,... ce sont les arrière-neveux des Marcomans (*) et des Slaves, que tu as ramenés dans ces mêmes plaines où leurs ancêtres avaient répandu le sang de nos ayeux; — et qu'en tombant sous les coups de nos armées, les descendans infortunés des usurpateurs ont offert une hécatombe expiatrice aux mânes de nos pères!

Un Sigovèse nouveau (**),... un Vengeur a paru sur les tombeaux de la FORÊT HERCYNIE où sommeillaient les Gaulois, ses premiers cultivateurs!... et, peut-être, peut-être! leurs esprits immortels ont-ils été témoins de ce sacrifice fait à leur mémoire, et de la justification des voies de Dieu!

Terre de Sigovèse! propriété antique de nos ayeux!... ouvre tes entrailles! — ainsi le veut l'Éternel, celui qui dispose des peuples et des Rois, selon sa justice; —

(*) *Marcomans*, peuplades Teuthoniques, ce mot veut dire, littéralement, hommes établis pour la garde des frontières, hommes des *Marches* (*Marck-Mann*). Ces peuples venus, il est vrai, des bords de la Meuse et du Bas-Rhin, envahirent, comme nous l'avons dit, la Moravie et la Bohême, et en expulsèrent les Boïens ou Gaulois; — mais, au septième siècle, ils en furent chassés, à leur tour, par les hordes Slavonnes, et se retirèrent le long du Danube, et au-delà de la Brentz, dans la Germanie méridionale. Et l'on peut assurer que les Marcomans, mêlés avec les Suèves, sont véritablement les ancêtres des Autrichiens d'aujourd'hui.

(**) *Hercynia silva*, *Hercynius saltus*; elle s'appelait aussi *Orcynia*; Jules-César lui donne soixante journées de longueur. — Ce n'est point la forêt noire qui se nommait *Martiana - Silva*, et qui avait bien moins d'étendue; le traducteur d'Ablancourt s'y est grossièrement trompé; mais bien la Bohême, en y comprenant la Moravie et la Silésie: et les montagnes des Géants, ainsi que les monts Krapacs qui servent de frontières à ces provinces, se nommaient *Hercynii montes*. Les Grecs connaissaient la forêt Hercynie, et Diodore de Sicile la dénomme Ἑρκυνιον, *Hercunion*.

ouvre ton sein réparateur pour engloutir les injustes Slaves !.... (*) Et vous, Destins redoutables du Ciel qui punissez, tôt ou tard, le brigandage et l'usurpation, ourdissez invisiblement les drapeaux mortuaires, — préparez la trame funèbre des étendards qui n'insulteront pas impunément les airs de la Bohême ;.. ils serviront de linceuils pour envelopper les envahisseurs (**) !

Voici, cependant, forêt Hercynie ! voici les fils de ceux que tu chérissais ! fertile région long-tems cultivée par nos pères, accueille sous tes ombrages maternels les enfans de tes premiers cultivateurs ; forme-leur, de tes rameaux, dans l'heure de la bataille, forme sur leurs flancs un retranchement impénétrable ; élève tes bois protecteurs pour couvrir les lignes belliqueuses des Français !

Et vous, lacs immenses qui avez reçu hospitalièrement sur vos bords nos bandes invincibles, disposez vos vastes réservoirs pour offrir, du moins, des sépulcres à ceux qui troublèrent deux fois, de leurs invasions, votre onde paisible ; — accordez à ces guerriers malheureux un dernier asyle de silence et de

---

(*) Les Russes, les Bohémiens et les Polonais sont trois tribus fraternelles, Slavonnes ou Sarmates. Leur idiome commun est encore l'ESCLAVON, qui est leur langue sacrée ; c'est dans cette mère-langue qu'ils célèbrent le culte public et lisent la Bible. — Le dialecte Polonais est l'Esclavon le plus pur ; ceux de la Russie et de la Bohême s'en éloignent davantage. — Si l'on entreprend de décomposer le dialecte Bohémien, son analyse, (si l'on peut se permettre, en étymologie, ces expressions géologiques), son analyse offrira une couche, ou surface de mots *Slavons*, assise sur un sédiment de mots Tudesqses, et une base de radicaux Celtiques ou Gaulois. — L'observateur studieux pourrait, donc, en rapportant chaque mot de cette langue à la matrice dont il conserve les traits, reconnaître les générations diverses qui ont passé sur la même terre ; et, le dictionnaire à la main, assigner à chaque peuple primitif, le tems où il exista.

(**) Ceci fait allusion à ceux des drapeaux Russes qui ont été trouvés en lambeaux, souillés de fange et de sang, et recouvrant les cadavres.

repos : — les bataillons Slaves vont descendre dans vos gouffres ;... et, hélas ! la compassion active du vainqueur tentera, en vain, de les arracher à leurs humides tombeaux ! — Votre surface glacée, offrant aux pieds secourables de nos soldats un cristal trop fragile, une marche impraticable, ne permettra point à l'humanité constante des Français de soustraire leurs infortunés ennemis, échappés par milliers aux traits homicides de la bataille, — à l'obscure et inévitable mort qu'ils rencontrent dans vos eaux !

J'ai justifié les voies de la Providence ; j'ai prouvé son intervention en notre faveur dans la victoire mémorable d'Austerlitz (*), journée si importante par les restaurations politiques qu'elle a fait éclore.

Terminons ce discours par des actes succincts de reconnaissance, et de bénédictions.

PÉRORAISON.
Acte de reconnaissance à Napoléon.

REVIENS incessamment, Chef magnanime ! nos vœux t'appèlent, ô NAPOLÉON ! reviens sur le char de la Victoire, viens sceller la Paix ! — Tu as plus conquis que des Royaumes, dans ce jour illustré par tes vertus, — plus que des Empires ! tu as conquis l'Opinion, la Reine du monde ! Tu as conquis le cœur

─────────────

(*) L'ancien Royaume de Bavière, rétabli, — celui de Wirtemberg et de Souabe, créé récemment, sur les ruines d'une barbare féodalité et des ordres semi-religieux, semi-militaires, qui morcelaient l'Allemagne, prouvent que la victoire d'Austerlitz a rompu tous les obstacles qui s'opposaient à une balance naturelle des Pouvoirs, et au système heureux d'ÉQUIPONDÉRANCE POLITIQUE.

des Européens, — dès long-tems tu as obtenu le nôtre ;... mais son amour pour toi.... est maintenant à l'égal de son admiration !

Tu as achevé en huit jours les exploits d'un grand nombre d'années ! tu as multiplié les terreurs de l'ennemi, et dépassé toutes nos espérances ! aussi le Ciel, propice à nos vœux, a-t-il signalé, de concert avec ton armée, dans les plaines d'Austerlitz, l'anniversaire heureux de ton Sacre ! — Grand dans les combats, tu as été peut-être plus grand encore, lorsque tu as pardonné ! — lorsque, décoré des palmes de la victoire, tu as présenté à l'ennemi fugitif l'olive de la paix, et consolé l'humanité gémissante !

Bientôt, aussi, l'Eternel posera ta main sur la mer, et les Isles reconnaîtront ta puissance ! — Bientôt la fière Albion, humiliée, se verra arracher par toi le sceptre usurpé de son despotisme universel ! tu la forceras à rendre la paix au monde; tu la forceras à nous rendre nos vaisseaux, nos colonies, et la liberté des mers !

A L'ARMÉE INVINCIBLE. Admirons aussi, mes chers Auditeurs, admirons nos valeureux compatriotes ! mettons dans un perpétuel souvenir leurs prodiges de dévouement, de bravoure et d'intrépidité !.... donnons des larmes à ceux qui ont perdu pour nous leur précieuse vie ! — Palais impériaux de Rambouillet et de Saint-Germain, convertis, par la sublime pensée du Monarque, en des HOSPICES D'HONNEUR, ouvrez vos lambris tutélaires aux ORPHELINS DE LA FRANCE, aux enfans adoptifs du

Grand NAPOLÉON! Que son ame sensible soit consolée, au milieu de ses regrets, en élevant les fils de l'héroïsme et de la reconnaissance!.... Que le cœur religieux de l'Impératrice des Français, ô JOSÉPHINE! que ton cœur bienveillant goûte les délices de cette maternité généreuse! —

Et vous, guerriers intrépides, qui avez combattu pour NAPOLÉON, pour la Patrie et pour les Autels, — recevez les témoignages de la gratitude de vos frères! Nous les renouvellerons tous les ans! A chaque retour de ce grand anniversaire, nous irons visiter le Temple de Dieu! nous citerons, avec sensibilité, les exploits que vous avez faits en cette journée! nous raconterons les traits de votre valeur à nos enfants! — « LE VOIS-TU CET HOMME? » leur dirons-nous, en apercevant quelqu'un des défenseurs de la France,... « IL ÉTAIT A LA JOURNÉE D'AUSTERLITZ! » — Comme ils envieront alors votre destinée! comme ils béniront ce corps mutilé, les cicatrices des plaies honorables qui vous ont été faites, pour la défense et pour la gloire de votre pays! comme votre héroïque exemple formera, à ce florissant Empire, des hommes dignes de vous imiter!

Adoration, louange, reconnaissance, et prière à l'Éternel. Terminons, M. T. C. F., terminons, en bénissant la divine Providence, ce discours que nous avons commencé, en l'invoquant. — Rendons hommage à cet Esprit Souverain qui tient entre ses mains les rênes des Empires. — Soumettons-nous avec empressement à sa volonté! Ne parlons plus de hasard et de fortune; — ne nous en prenons plus à un aveugle destin; mots stériles, et noms sans réalité, que l'homme infidèle invente pour couvrir son ignorance, ou pour excuser son défaut de confiance en Dieu. — Souvenons-nous, sans cesse, que toutes les causes et tous les effets, que toutes les victoires et les défaites, — sont concertés, dans le conseil du Très-Haut, pour une grande et magnifique fin, pour le perfectionnement moral de l'homme,... pour le développement des vertus !

O toi qui seul jouis d'un repos inaltérable, Roi des Rois, ô notre Père Céleste ! toi qui vois tout changer sous ton trône immortel, sans jamais changer toi-même ! toi par qui nous avons été vainqueurs; toi qui as transporté le sceptre d'une maison à une autre, pour nous prouver que les hommes ne possèdent la puissance que d'emprunt; que c'est en toi seul, ô mon Dieu ! qu'elle réside en propriété éternelle, — nous t'adorons ! O conserve-nous le Prince qui nous prépare à nous et à nos enfans une heureuse destinée ! Affermis sa main sur la terre et sur la mer ! Conserve-nous pour lui témoigner notre reconnaissance, — et pour travailler à notre Salut ! Amen.

Paris, le 30 Frimaire an 14.

Le Ministre des Cultes, Grand Officier de la Légion d'Honneur,

A Monsieur le Président du Consistoire-général de la Loire-Inférieure et de la Vendée.

Monsieur le Président, le jour anniversaire de son couronnement, sa Majesté l'Empereur et Roi a défait les armées combinées de l'Autriche et de la Russie. La bataille d'Austerlitz ne laisse plus d'espérance aux ennemis de la France. NAPOLÉON a triomphé de tous les obstacles; sa sagesse a préparé les prodiges de sa valeur, et sa valeur a couronné les œuvres de sa sagesse. Il vous paraîtra convenable, dans ces circonstances, Monsieur, de faire célébrer dans vos Temples, et selon les rites de votre Communion, les Prières d'usage, pour rendre graces au Très-Haut, de la plus éclatante Victoire qui ait jamais honoré nos armes si souvent victorieuses; pour lui rendre graces de nous avoir donné ce Prince, dont le génie tutélaire est l'égide de ses alliés et la providence de ses sujets, et dont le bras puissant détruit les ligues, dissipe les armées et renverse les remparts. Vous demanderez, Monsieur, à M. le Préfet de votre Département, de vouloir bien transmettre à MM. les Pasteurs attachés à votre Consistoire, les bulletins de la grande armée : aucun des moyens de faire connaître au Peuple ce que font pour lui le Père de la Patrie et ses intrépides compagnons d'armes, ne doit être négligé; comme on ne perd aucune occasion de faire parvenir à sa Majesté impériale et royale, au milieu de ses camps et du tumulte des armes, les témoignages d'affection, de dévouement et de fidélité, que lui donnent de toutes parts les Français de toutes les Communions et de toutes les classes.

J'ai l'honneur de vous saluer avec considération.

Portalis.

Nantes, le 10 Nivôse an 14.

Belleville, l'un des Commandans de la Légion d'honneur, Préfet du département de la Loire inférieure,

A M. DE JOUX, Président de l'Eglise consistoriale de la Loire-Inférieure et de la Vendée.

Monsieur le Président,

.... Si vous faites imprimer le Discours qui a précédé le *TE DEUM*, chanté avant-hier au Temple, en mémoire de la glorieuse Victoire d'Austerlitz; partageant plus vivement encore les sentimens qui y sont exprimés, ceux de la reconnaissance que nous devons à Dieu qui protège la France, et de l'amour que nous avons voué à notre auguste Empereur, je vous serai obligé de m'en adresser quelques exemplaires, que je m'empresserai de faire connaître aux Ministres de sa Majesté.

Je vous prie, Monsieur le Président, d'agréer l'assurance de ma respectueuse considération,

Belleville.